企业民主管理简读本

QIYE MINZHU GUANLI JIANDUBEN

中华全国总工会民主管理部◎编著

中国工人出版社

图书在版编目（CIP）数据

企业民主管理简读本 / 中华全国总工会民主管理部编写 .
—北京：中国工人出版社，2016. 6
ISBN 978 - 7 - 5008 - 6550 - 6

Ⅰ. ①企… Ⅱ. ①中… Ⅲ. ①企业管理—民主管理—基本知识—中国 Ⅳ. ①F279. 23

中国版本图书馆 CIP 数据核字（2016）第 222492 号

企业民主管理简读本

出 版 人　芮宗金
责任编辑　吕　静
责任校对　孙酒伟
责任印制　栾征宇
出版发行　中国工人出版社
地　　址　北京市东城区鼓楼外大街 45 号　邮编：100120
网　　址　http://www.wp-china.com
电　　话　（010）62350006（总编室）
　　　　　（010）62005039（出版物流部）
　　　　　（010）82075935（工会与劳动关系分社）
发行热线　（010）62004002
　　　　　（010）82081553（传真）
经　　销　各地书店
印　　刷　三河市东方印刷有限公司
开　　本　710 毫米 ×1000 毫米　1/32
印　　张　5
字　　数　100 千字
版　　次　2016 年 6 月第 1 版　2020 年 6 月第 5 次印刷
定　　价　18.00 元

前 言

我们党始终坚持在企业中实行民主管理，多次强调要健全以职工代表大会为基本形式的企事业单位民主管理制度，保障职工参与管理和监督的民主权利。建立职工代表大会制度实行企业民主管理，是广大职工群众行使国家赋予职工民主管理权利，参与企业管理，维护自身合法权益的重要制度，在我国经济、政治、社会发展等方面都具有重大意义。

推行企业民主管理，实行职工代表大会制度，离不开职工代表。职工代表的素质决定了企业民主管理的质量。职工代表不仅要有爱岗敬业的精神和熟练的工作技能，完成好自己的本职工作，还要了解和熟悉企业生产经营管理的过程及情况，深入了解职工群众的所思所想和利益诉求，勇于为职工群众说话办事；还要学习了解党和国家相关的法律法规和政策方针，不断提高参与企业管理的能力和水平。要达到这个目的，职工代表就要认真学习企业民主管理知识，不断提高自己的综合素质，才能更好地发挥自己代表职工参与企业管理的作用。

本书是中华全国总工会民主管理部根据有关法律法规和相关材料，为了帮助企业行政领导干部、企业工会干部和职工代表更好地学习企业民主管理的有关知识、充分发挥企业民主管理的作用而编写的通俗读物。本书图文并茂，问答浅显易懂，携带方便，特别适合职工代表在工作之余阅读学习。由于时间仓促，如有疏漏或不当之处，敬请批评指正。

编　者

2016 年 6 月

目 录

NO. 3 职工代表

NO. 4 职工代表怎样参加职工代表大会

NO. 5　职工代表与自身素质的提高

NO. 6 职工代表大会制度创新

NO.1
企业民主管理

1. 什么是企业民主管理?

企业实行民主管理，是我国企业管理的一项重要原则。

根据《企业民主管理规定》的精神，企业民主管理是指中国境内的企业职工依照法律法规和政策规定，参与企业决策、管理和监督，企业的经营管理者尊重、支持和保证职工的知情权、参与权、表达权、监督权等民主权利行使及落实的有组织的制度性、规范性活动。

企业民主管理的主体是企业的经营管理者和职工，涵盖了企业中经营管理人员、技术人员和生产工人等全体人员。

企业民主管理的基本形式是职工代表大会（或职工大会，下同）。职工代表大会是职工行使民主管理权力的机构。企业工会

是职工代表大会的工作机构，负责职工代表大会的日常工作。随着企业规模和治理结构的发展变化，职工代表大会制度也在不断创新发展，集团企业出现了集团内多层级职工代表大会，中小企业聚集的区域或行业出现了区域（行业）职工代表大会，实行法人治理的现代企业还建立了对职工代表大会负责的职工董事、职工监事制度，厂务公开则作为企业民主管理的重要前提和保证成为其有机组成部分。

2. 企业民主管理的属性是什么？

企业民主管理不仅具有自然属性，而且具有社会属性。

企业民主管理的自然属性是指实行企业民主管理必须要依照企业生产经营的客观规律来实施，要体现社会生产力发展规律和社会化大生产的客观要求，否则，企业民主管理就丧失了它存在的物质基础。因此，企业民主管理必须适应社会化大生产的客观要求去组织开展活动。通过企业民主管理，促进企业生产技术经济活动的各个环节更加合理。生产力越是发展，分工越细，经济的联系就越紧密，管理就越需要劳动者的参与。在企业内部，由于新技术装备的使用和新生产方式的出现，使知识在生产过程中的地位得以大幅度提升，从而促进生产过程不断开放，并使掌握新技能和知识的劳动者对参与企业管理的要求进一步提高，这是企业民主管理的客观需要。生产方式越是现代化，越是需要企业管理的公开和民主，对企业民主管理的客观要求就越迫切，产生的效果就会越明显。这就是企业民主管理的自然属性。企业民主管理这种自然属性决定了无论什么性质的企事业，其组织形式如何，都可以实行企业民主管理。

企业民主管理的社会属性是指企业民主管理反映社会制度的本质要求和文化背景、历史对企业管理的影响，反映了我国社会主义制度下生产关系的特性。在我国，企业职工成为国家的主人，其政治民主权利、劳动经济利益和精神文化权益受社会主义国家法律的充分保护，职工在基层经济组织中享有的民主权利是社会主义国家基层民主政治建设的重要内容。企业民主管理的社会属性要求在政治、经济、文化、社会生活中必须保障职工当家做主权利，正确协调和处理各方面的利益关系，增强和提高职工的参与意识和民主素养，从而建立稳定和谐的劳动关系进而推动社会主义和谐社会向前发展。

3. 企业民主管理的任务是什么？

（1）参与企业管理。劳动者是生产力中最具有决定意义的力量。我国工人阶级始终是推动我国生产力发展和社会全面进步的根本力量，充分发挥他们在生产和工作中的主动性、积极性和创造性，是办好企业不可缺少的条件。组织和支持

职工群众参与企业管理，是社会化大生产的客观要求，是生产力发展水平的客观反映。随着我国经济结构、产业结构进一步调整，经济发展进

入新常态。面对世界经济一体化、国际贸易自由化、信息社会化的新形势，企业的经营活动将直接面向市场，竞争更加激烈，这就要求企业的管理体现以人为本的宗旨，实行企业民主管理。在现代企业生产中，企业的劳动效率和实际效益，越来越多地依赖于广大劳动者的自觉程度和创造精神。在这种背景下，既需要强化统一的管理和指挥，更需要充分调动职工群众的劳动积极性、创造性、主动性和责任心。而职工群众的创造性和主动性的发挥，不是也不能依靠某种强制力来实现。实践证明，让广大职工的利益更加紧密地与企业联系在一起，企业才能真正实现经营目标。因此，企业民主管理在企业不仅是需要，而且成为必然。

（2）监督行政。我国的社会主义性质决定了党领导和支持人民当家做主，最广泛地动员和组织人民群众依法管理国家和社会事务，管理经济和文化事业，维护和实现人民群众的根本利益。在企事业单位实现民主管理，是发展社会主义民主的基础性工作。企事业单位通过实行民主管理，尊重和落实职工的民主权利，让职工享有知情权、建议权、决定权、监督权，依照法律法规和政策，通过合法的渠道，有序表达自己的意愿，实行对企事业领导人员民主监督。建立健全企事业民主管理制度，保证职工在企事业单位中依法直接行使民主权利，是发展社会主义民主政治在企事业单位中的直接体现。

（3）维护职工的合法权益，建立和谐稳定的劳动关系。社会主义市场经济体制的确立和进一步完善，使得企事业单位中各利益主体身份日益明晰，作为企事业单位劳动关系一方的职工的利益诉求，要通过一定的民主程序和相应的制度与载体得到充分表达和有效维护。因此，维护职工合法权益、协调企业劳动关系是企业民主管理的重要任务。真正实行民主管理就会极大地激发广大职工群众当家做主的责任感和使命感，调动起他们的积极性和创造性，促进企事业单位的健康快速发展。

4. 企业实行民主管理的基本形式是什么？

在我国企业实行民主管理的实践中，职工代表大会制度具有法定的权威性、广泛的适用性、普遍的代表性和充分的公开性，特别是采取票决制的少数服从多数的民主原则，都是其他企业民主管理形式所不具备的，因而其他民主管理形式都不能替代职工代表大会成为企业民主管理的基本形式。

我国职工代表大会有着充分的法律依据、政策支撑和实践经验。1982 年《宪法》、1986 年《全民所有制工业企业职工代表大会条例》、1988 年《全民所有制工业企业法》、1991 年《城镇集体所有制企业条例》、1994 年《劳动法》、2001 年《工会法》、2005 年《公司法》、2007 年《劳动合同法》等法律法规，都对企业建立职工代表大会和实行民主管理作出了规定。职工代表大会制度经过多年实践，已有完整的组织结构和工作制度，积累了丰富的经验和深厚的社会基础，已在企事业单位中广泛推行，并迅速向非公有制企业拓展，覆盖面不断扩大，内容不断丰富，运作机制不断完善，在促进企事业单位改革发展稳定中发挥了不可替代的重要作用。

职工代表大会的代表来自企业的车间、班组、科室等各个层面，按照生产单位划分选区，经过一定民主程序选举产生，包含了工人、技术人员、管理人员、领导干部等各方面的职工，使职工代表大会具有广泛的代表性，成为更具民主、民意色彩的平台；职工代表大会作为企事业单位民主管理的基本形式，其职权包括知情权、建议权、决定权、监督权和选举权，涉及职工参与企业管理的各个方面，其内容具有全面性；职工代表大会具有完整的组织制度和工作制度，特别是票决制，具有较强的操作性；职工代表大会的决定、决议是按照少数服从多数的民主集中制原则和法定的程序作出的，最大限度地代表了民意，体现了公平、公正，具有较高的权威性和法律效力。

5. 企业民主管理还有其他哪些形式？

厂务公开，是企业民主管理的重要形式，是企业实行民主管理的前提和必要保证。如果职工及其代表不知情，职工代表大会就无法进行民主审议、民主决策、民主监督，因此厂务公开制度不是在职工代表大会制度之外另搞一套。职工代表大会是厂务公开的基本渠道。

职工董事、职工监事制度是适应建立现代企业制度在公司制企业中职工代表参与企业管理的新形式。职工董事、职工监事须经职工代表大会民主选举产生，对职工代表大会负责。

此外，职工民主管理委员会、民主议事会、劳资恳谈会、民主协商会等，这些都是企业民主管理的辅助形式，重点在于沟通协调，但没有决定权。

企业民主管理的其他形式作为职工代表大会制度这一基本形式的补充，可以完善和充实职工代表大会制度，特别是可以解决在职工代表大会闭会期间以及职工代表大会形成决议后具体实施落实方面的薄弱环节，填补微观层面的民主协商过程中可能出现的空白和不足，与职工代表大会制度相辅相成共同促进企业完善管理。

6. 非公企业如何开展民主管理?

非公企业的职工是我国职工队伍的重要组成部分，同样是国家的主人，其参与企业管理的权利同样需要依法得到应有的尊重和保护。非公企业只有实行民主管理，才能使企业决策兼顾各方利益，实现劳资双方对话、合作，从源头上维护职工的合理利益，减少摩擦、降低协调利益关系成本，把诸多矛盾冲突消除在事前和企业管理的过程中，同时可以调动职工的积极性和创造性，集中职工的智慧，实行科学决策和管理，促进企业协调发展，最终达到劳资两利、实现合作共赢，使企业在激烈的市场竞争中立于不败之地。

非公企业实行民主管理要坚持从企业实际出发，积极稳妥地开展工作：

（1）要坚持以职代会为基本形式。职代会是企业实行民主管理的基本形式，是具有法律依据、政策支撑的。近年来在部分非公企业的探索和实践也证明了职代会是可行的、有效的。非公企业实行民主管理，应当建立和完善职代会制度，使其真正成为职工参与企业管理、促进企业发展、实现合作共赢的重要阵地。

（2）要坚持在民主管理的内容上突出重点，加强规范。凡开展民主管理的非公企业，职代会的职权可以调整充实，分步到位，但是作为基本要素的三项基本职权应当落实。如对企业经营管理等事项的知情权、参与权，对涉及职工切身利益事项的共决权，即集体合同草案必须递交职代会审议通过，以及对企业签订劳动合同和履行集体合同情况、依法缴纳社会保险金、支付劳动报酬情况、执行安全生产卫生标准情况的监督权。这些基本职权的落实有利于非公企业确立劳动与资本的平等地位，有利于建立企业内在的劳动关系协调机制，有利于工会维护职能的履行。

（3）创新民主管理方法，丰富民主管理内容，提高民主管理水平。一是可以借鉴公有制企业行之有效的方法，并结合本企业的实践进行创新。如不少非公企业实行的“员工动态、绿色通道”“干部测评制度”“员工提案制度”“民主调查制度”等，这些都是有效的日常民主管理的形式和做法。二是建立起普遍适用的民主管理评估标准，并形成体系。如从职工代表的选举、培训、实践、述职、评议，到职代会会议的文件质量、职权履行、决议落实，再到日常民主管理的制度、作用发挥等，一一细化，制定并逐步完善考查评估标准，使民主管理真正做到制度健全、运作规范、行之有效。三是树立典型，表彰先进，形成企业全员参与民主管理的良好氛围。

NO.2

职工代表大会制度

7. 什么是职工代表大会制度?

职工代表大会制度，是指企业经营管理者与企业全体职工通过职工代表大会实行民主管理所必须共同遵守的一整套运行规程和活动准则。《企业民主管理规定》第三条规定：“职工代表大会（或职工大会，下同）是职工行使民主管理权力的机构，是企业民主管理的基本形式。”这一规定表明，职工代表大会制度并不是简单的召开一次会议，而是根据法律规定履行一定程序建立的一项企业民主管理制度。

职工代表大会包括两种形态，即职工大会和职工代表大会，两者在性质、任务、职权等方面没有区别，只是在会议的组织工作方面有所不同。职工代表大会的职权是职工代表大会制度的核心问题，需要作出明确清晰的规定。由于集体企业性质的特殊性，集体企业的职工代表大会是企业的权力机构，而其他性质企业的职工代表大会则是职工行使民主管理权力的机构。职工代表大会的工作制度是确定和保证职工代表大会制度有效发挥作用的运行规则，包括召开会议的时间、议题、会议议程、表决规则、工作机构职责等。职工代表大会制度的基础是职工代表，职工代表的任职条件、选举罢免的程序和规则、任期以及权利和义务都是职工代表大会制度的主要内容。

8. 职工代表大会的性质是什么？

职工代表大会（或职工大会）是职工行使民主管理权力的机构，是企业民主管理的基本形式。

9. 职工代表大会有哪些职权？

在我国境内的企业，不分性质规模，职工代表大会实行统一的职权。企业的重要事项应当经过职工代表大会讨论研究。职工代表大会行使下列职权：

（1）听取企业主要负责人关于企业发展规划、年度生产经营管理情况，企业改革和制定重要规章制度情况，企业用工、劳动合同和集体合同签订履行情况，企业安全生产情况，企业缴纳社会保险费和住房公积金情况等报告，提出意见和建议；审议企业制定、修改或者决定的有关劳动报酬、工作时间、休息休假、劳动安全卫生、保险福利、职工培训、劳动纪律以及劳动定额管理等直接涉及劳动者切身利益的规章制度或者重大事项方案，提出意见和建议。

（2）审议通过集体合同草案，按照国家有关规定提取的职工福利基金使用方案、住房公积金和社会保险费缴纳比例和时间的调整方案，劳动模范的推荐人选等重大事项。

（3）选举或者罢免职工董事、职工监事，选举依法进入破产程序企业的债权人会议和债权人委员会中的职工代表，根据授权推荐或者选举企业经营管理人员。

（4）审查监督企业执行劳动法律法规和劳动

规章制度情况，民主评议企业领导人员，并提出奖惩建议。

（5）法律法规规定的其他职权。

10. 国有及其控股企业职工代表大会有哪些特别职权？

（1）听取和审议企业经营管理主要负责人关于企业投资和重大技术改造、财务预决算、企业业务招待费使用等情况的报告，专业技术职称的评聘、企业公积金的使用、企业的改制等方案，并提出意见和建议。

（2）审议通过企业合并、分立、改制、解散、破产实施方案中职工的裁减、分流和安置方案。

（3）依照法律、行政法规、行政规章规定的其他职权。

11. 职工代表大会是否设立及如何设立主席团？

当职工代表大会规模较大、代表人数较多、会议处理事项较多时，可设立大会主席团。职工代表大会的大会主席团是职工代表大会开会期间的领导机构，负责处理会议的各种事项。职工代表大会是否设立主席团由企业根据实际情况确定。规模较大、管理层级较多、职工人数较多的企业召开职工代表大会可以选举大会主席团主持会议。没有设立职工代表大会主席团的，应当由职工代表大会的工作机构即工会与企业协商，在职工代表中推举职工代表大会的会议主持人，负责主持职工代表大会会议。企业工会的主要负责人应当是最适宜的人选。

职工代表大会主席团产生的程序是：由企业工会与职工代表大会的各代表团（组）协商，提出主席团成员候选人名单，提交职工代表大会预备会议审议，经职工代表大会预备会议表决通过后主席团正式成立，负责会议的各项工作。

12. 职工代表大会主席团的成员构成有哪些？

职工代表大会的主席团成员从本届职工代表大会的职工代表中提名，其组成必须有一定的代表性，特别要注意防止主席团成为企业领导人员组成的机构。主席团中工人、技术人员、管理人员不少于50%，这里所说的管理人员是不包括企业领导人员在内的中、下级的一般性管理人员。这样可以确保职工代表大会的性质和运行，不会发生与职工代表大会的职能作用相悖的变化。

13. 职工代表大会主席团的主要职责是什么？

职工代表大会主席团的主要职责包括：（1）主持召开职工代表大会，领导大会期间的各项活动，处理大会期间发生的问题；（2）听取和综合各代表团（组）对各项议题审议的意见，审议通过大会议程；（3）组织各代表团（组）审议列入大会议程的议案；（4）决定各代表团和代表在会议期间提出的罢免案、质询案的审议程序；（5）研究大会议题中需要通过和决定的事项，草拟大会决议；（6）主持选举；（7）处理大会期间发生的其他问题。

14. 职工代表大会代表团（组）的主要任务是什么？

（1）在职工代表大会期间的主要任务：①组织本团（组）职工代表出席职工代表大会；②协助行政安排好职工代表出席会议期间的生产和工作；③组织好本团（组）代表认真审议会议的各项报告、方案和决议草案等，综合反馈本团（组）代表的意见和建议。必要时，经大会主席团同意，可派出自己的代表在大会上发表意见；④选派代表参与会议的工作，参与有关会议文件的起草、会议的组织工作、监票计票工作以及在大会上发言等；⑤完成大会主席团交办的其他工作。

（2）在职工代表大会闭会期间的主要任务：

①向本单位职工传达大会精神，协助行政制定贯彻落实大会决议的措施，引导职工以实际行动落实大会决议；②参加本单位日常民主管理和民主监督活动；③选派本代表团（组）成员参加上级单位的民主管理活动；④组织本团（组）职工代表学习党的方针政策，学习国家的有关法律法规，学习企业管理业务知识；⑤征集、处理提案，对本单位职工提出的提案进行初审，其中确属本单位范围内能够解决的问题，可直接提交本单位行政研究解决，属于全局性需要解决的问题，提交职工代表大会工作机构。

15. 职工代表大会代表团（组）如何设立？

代表团（组）一般是职工代表大会常设组

织。设立代表团（组）主要是根据职工代表的人数和单位行政部门划分来确定的。企业单位规模较大，职工代表人数较多的，可以设立代表团，较小的单位可设立代表组。代表团（组）应选出代表团（组）长，也可设召集人。代表团人数较多的，可以设工作人员，工作人员一般是兼职。

16. 职工代表团（组）长怎样产生？其主要责任是什么？

职工代表团（组）长是职工代表团（组）的负责人，由职工代表团（组）代表民主推选产生。根据企业民主管理的实践，职工代表团（组）长由各代表团（组）所在单位当选为职工

代表的工会主席担任比较适宜。

职工代表团（组）长的主要职责：一是组织本团（组）职工代表参加职工代表大会；二是组织本团（组）职工代表参加日常民主管理活动；三是组织本团（组）职工代表学习、提高政策水平和管理水平；四是代表本团（组）参加企业管理的活动。

17. 为什么要设立职工代表大会专门委员会？

职工代表大会专门委员会（小组）隶属于职工代表大会，是为职工代表大会行使各项职权服务的专门工作机构，接受职工代表大会和主席团的领导，对职工代表大会负责。设立职工代表大会专门委员会（小组），可以使职工代表大会更好地开展活动，提高工作效能，发挥应有作用。

18. 职工代表大会专门委员会（小组）的组成人员和设置程序是怎样的？

专门小组的人选，一般在职工代表中提名产生，也可以聘请非职工代表参加，其成员主要从不担任部门以上主要领导职务的科技人员、管理人员、工会干部、工人中选择。专门小组的成员，一般应具备熟悉专业业务，有一定的组织活动能力、办事公道、群众威信较高等条件。各专门小组成员的数量不宜太多，一般可由 5 至 9 人组成，大型企业可适当增加。各专门小组应设组长 1 名，副组长 1 至 2 名。业务部门的负责人不宜担任专门小组的领导职务。职工代表大会专门小组的组长，一般由企业工会相应的专门委员会或部门负责人担任为宜。专门小组成员的任期，应与职工代表大会的届期相一致。根据需要，职工代表大会也可以对专门委员会（小组）成员的任期进行调整。

专门委员会（小组）成员的产生，必须经过

职工代表大会的民主选举。一般是由企业工会根据需要，提出各专门委员会（小组）组成的具体方案，职工代表团（组）根据上述方案，协商推荐各专门小组人选，职工代表和非职工代表均可自荐。企业工会与企业有关方面协商后，召开工会委员会或职工代表团（组）长会议讨论，提出具体候选人名单，交给各职工代表团（组）征求意见。经职工代表大会主席团审议后，正式提出各专门小组候选人名单，经职工代表大会表决通过。各专门小组召开会议，民主推选出负责人。

19. 职工代表大会专门委员会（小组）的工作任务是什么？

专门委员会（小组）对职工代表大会负责，

完成职工代表大会交办的有关事项，其主要工作任务：一是审议提交职工代表大会的有关议案；二是在职工代表大会闭会期间，根据职工代表大会的授权，审定属于本专门委员会（小组）分工范围内需要临时决定的问题，并向职工代表大会报告予以确认；三是检查、督促有关部门贯彻执行职工代表大会决议和职工提案的处理；四是办理职工代表大会交办的其他事项。

20. 职工代表大会专门委员会（小组）都有哪些种类？

（1）生产经营专门委员会（小组）。

生产经营专门委员会（小组）是职工代表大会为审议企业生产经营重大决策而设置的专门机构。其主要职责：一是调查了解职工对企业生产经营方面的意见和建议，参与行政重大生产经营决策方案的制定；二是召开专门委员会（小组）会议，组织有关职工代表，对生产经营决策方案进行论证和预审，并提出修改意见；三是在职工代表大会闭会期间，审议有关生产经营方面的临时性重要问题，并提出意见和建议；四是征集和整理职工关于生产经营方面的提案，并协助有关方面组织职工开展合理化建议、技术攻关、技术协作等活动；五是检查监督企业贯彻执行职工代表大会有关生产经营管理方面的决议；六是监督和协助企业行政部门执行党和国家有关安全生产和劳动保护方面的政策、法规和制度，并做好这方面工作。

（2）规章制度专门委员会（小组）。

规章制度专门委员会（小组），是职工代表大会为审查企业重要规章制度而设置的专门机构。其主要职责：一是调查研究企业中涉及职工切身利益的规章制度的有关问题，了解职工的意见和建议；二是参与有关职工利益的规章制度的制定；三是召开专门委员会（小组）会议，组织有关职工代表对规章制度的有关方案进行论证和预审，并提出修改意见；四是在职工代表大会闭会期间，审议有关规章制度方面的重要问题；五是征集和整理职工关于企业规章制度方面的提案，督促和协助企业有关部门，贯彻执行党和国家有关劳动关系的政策、制度以及职工代表大会的有关决议；六是检查监督企业有关方面贯彻执行职工代表大会审查同意的重要规章制度情况，受理职工委员会（小组）申诉，对严重违反规章制度，侵犯职工合法权益的行为，进行调查研究，并提出处理意见和建议；七是协同企业有关方面做好实施重要规章制度的宣传教育工作，增强职工的组织纪律性和法治观念。

（3）生活福利专门委员会（小组）。

生活福利专门委员会（小组）是职工代表大会为审查同意或审议决定有关企业内部分配和职工生活福利重大事项而设置的专门机构。其主要职责：一是调查研究企业内部分配和职工生活福利的有关问题，了解职工的意见和建议；二是参与企业内部分配和职工生活福利重大方案的制定；三是召开专门

委员会（小组）会议，组织职工代表对企业内部分配和职工生活福利有关方案进行论证和预审，并提出意见和建议；四是在职工代表大会闭会期间，研究有关企业内部分配和职工生活福利方面临时发生的重要问题；五是征集和整理职工关于企业内部分配和生活福利问题的提案，督促和协助企业贯彻执行党和国家有关的政策和规定；六是检查监督企业贯彻执行职工代表大会关于企业内部分配、生活福利的决议，对损害职工合法权益的行为，组织调查和质询，并提出处理意见和建议。

根据企业需要，也可以单独设立分配监督专门小组。

（4）评议监督干部专门委员会（小组）。

评议监督干部专门委员会（小组），是职工代表大会为评议监督企业各级行政领导干部而设置的专门机构。职工代表大会评议企业行政领导干部期间，在企业评议监督干部领导小组领导下工作。其主要职责：一是对企业民主评议监督领导干部的有关情况进行调查研究，了解职工的意见和建议；二是参与制定评议监督领导干部的方案和制度；三是召开专门委员会（小组）会议，组织职工代表对评议监督领导干部的方案进行可行性论证，并提出修改或补充的意见和建议；四是指导各职工代表团（组）做好评议领导干部的工作，整理核实被评议领导干部的有关材料，并对领导干部的整改情况进行监督；五是对违法失职或对职工群众打击报复的领导干部，应及时向企业工会和有关方面反映并提出处理意见；六是在评议基础上，为职工代表大会提出奖惩、任免企业行政领导干部的建议，做好必要的准备工作。

21. 企业工会作为职工代表大会的工作机构应当履行好哪些职责？

《企业民主管理规定》规定：“企业工会委员会是职工代表大会的工作机构，负责职工代表大会的日常工作。”这一规定明确了工会在职工代表大会中的地位和工作职责的基本内容。承担职工代表大会工作机构职责，是由工会组织的性质和职能所决定的。我国法律法规赋予了工会组织应有的社会地位和社会职能。工会通过长期工作，积累了民主管理、职工代表大会工作方面丰富的实践经验。工会通过组织广大职工参与企业管理、开展民主管理活动，获得了广泛的社会认知。在基层，工会配备有专职或兼职人员的办事机构，有大批热心工会工作的积极分子队伍，便于开展职工代表大会工作。由工会主持职工代表大会的日常工作，既可以更好地在党组织的领导下，发挥工会作用，有效地组织职工行使民主管理权利，也可以避免企事业单位为召开职工代表大会而另外设立机构，出现机构重叠、人员闲置、会议重复的现象。

工会组织在职工代表大会制度中，主要负责职工代表大会会议筹备和组织工作，工作内容有以下几个方面：一是提出职工代表大会代表选举方案，组织职工选举职工代表和代表团（组）长；二是征集职工代表提案，提出职工代表大会

议题的建议；三是提出职工代表大会的议程建议；四是提出职工代表大会主席团组成方案和组成人员建议名单，提出专门委员会（小组）的设立方案和组成人员建议名单；五是向职工代表大会报告职工代表大会决议的执行情况和职工代表大会提案的办理情况、厂务公开的实行情况等；六是在职工代表大会闭会期间，负责组织专门委员会（小组）和职工代表就企业职工代表大会决议的执行情况和职工代表大会提案的办理情况、厂务公开的实行情况等，开展巡视、检查、质询等监督活动；七是受理职工代表的申诉和建议，维护职工代表的合法权益；八是向职工进行民主管理的宣传教育，组织职工代表开展学习和培训，提高职工代表素质；九是建立和管理职工代表大会工作档案。

22. 职工代表大会的每届任期是怎样规定的？

《企业民主管理规定》第十条规定：“职工代表大会每届任期为三年至五年。具体任期由职工代表大会根据本单位的实际情况确定。职工代表大会因故需要提前或者延期换届的，应当由职工代表大会或者其授权的机构决定。”职工代表大会因故需要提前或者延期换届，是指在三年至五年的规定时间内不能进行正常换届选举的情况，包括短于三年或者长于五年两种情况。如，由于企业改制职工的岗位和人员发生很大变化，原代表多数不具代表性的情况；多数职工代表终止或者解除了劳动关系的情况等。具体提前或者延期时间应当由职工代表大会或者其授权的机构决定。

23. 召开职工大会或职工代表大会的条件是什么？

《企业民主管理规定》第八条明确规定：“企业可以根据职工人数确定召开职工代表大会或者职工大会。企业

召开职工代表大会的，职工代表人数按照不少于全体职工人数的百分之五确定，最少不少于三十人。职工代表人数超过一百人的，超出的代表人数可以由企业与工会协商确定。”依据上述规定，企业可以根据职工人数的多少、企业的实际需要和客观条件来确定，自行选择召开职工大会或者职工代表大会。职工大会不是简单的召开一次企业全体职工会议，而是和职工代表大会相同，应当定期召开，有组织规则、有明确的职权、有活动规则、有工作机构的制度性会议。

24. 职工代表大会预备会议的主要程序怎么走？

会议主要程序是：（1）选举大会主席团；（2）由工会主席汇报本届（次）职工代表大会的筹备情况，提出大会会议议题和议程的建议；（3）通过代表资格审查委员会（小组）作的代表资格审查报告；（4）通过职工代表大会的议题和议程；（5）决定大会其他有关事项。

25. 职工代表大会正式会议的主要程序是怎样的？

（1）大会执行主席核实出席大会的职工代表人数。到会职工代表超过代表总数的三分之二即可宣布开会。开幕词应简要讲清本次大会的目的、意义、中心议题和主要任务。此后宣布大会议程。应当注意会前正式通知职工代表。企业行政方面应安排好生产、工作，保证代表的出席率。职工代表有特殊情况不能出席会议的，应向代表团（组）长请假。

（2）由企业领导人作工作报告。报告主要内容应包括企业生产经营管理情况、存在的问题及改进措施，企业发展计划、基本建设和重大技术改造方案，有关改善职工生活福利的情况等。如工作报告已事先发给代表进行过充分讨论，可针对职工代表提出的意见，作出说明。

（3）由企业行政有关负责人作专题议案的报告。凡应提交职工代表大会审查或审议的方案，均应由行政有关负责人向大会报告，说明制定的依据、目的和具体实施办法；也可针对职工代表对议案的意见，作出说明。

（4）由企业工会主席及职工代表大会专门小组负责人就上次职工代表大会决议落实情况、职工代表提案处理情况、集体合同执行情况等向大会作出报告。

（5）企业工会主席就职工代表大会闭会期间，职工代表团（组）长和专门小组负责人联席会议处理的重大事项，向大会作出说明，提请大会确认。

（6）以职工代表团（组）为单位，就以上报告、议案分组进行讨论。同时对大会的各项决议草案和需经大会选举的候选人进行酝酿。大会主席团成员分别参加本代表团（组）的讨论。

（7）各代表团（组）应指定专人认真记录职工代表的讨论发言，整理归纳后，将讨论意见向主席团汇报。

（8）大会发言。应安排时间让职工代表在大会上发言，可由各代表团（组）推选代表，在大会上陈述本团（组）讨论审议的意见和建议，也可让职工代表自由发言。

（9）选举。根据有关决定和实际需要，选举

参加董事会、监事会、劳动争议调解委员会的职工代表、参加工资协商的职工代表和企业领导人等；根据大会主席团的提名，表决通过职工代表大会专门小组的人选；表决通过其他需经职工代表大会选举的人员。

（10）对有关的各项方案和大会决议、决定草案进行表决。

（11）致闭幕词，宣布大会结束。

26. 什么情况下可以召开职工代表大会临时会议？

在实际工作中，遇有重大事项，经企业行政、工会或三分之一以上职工代表提议，可以召开临时会议。

27. 什么是职工代表团（组）长和专门小组负责人联席会议？

职工代表团（组）长和专门小组负责人联席会议是在职工代表大会闭会期间，为解决日常或临时性需要职工代表大会审议或审查某些重要问题，而由工会召集有职工代表团（组）长和专门委员会（小组）负责人参加的会议。

28. 职工代表团（组）长和专门小组负责人联席会议的职权是什么？

联席会议的主要职权是协商处理职工代表大会闭会期间需要临时处理的重要问题。包括两个方面的内容：一是职工代表大会职权范围内的重要问题；二是职工代表大会日常工作中的重要问题。

有关职工代表大会职权范围内的重要问题，

主要有以下几项：（1）审议属于生产经营中需要临时解决的重要问题，提出意见和建议；（2）在协商一致的情况下，可以同意或否决分配制度方案、奖金分配方案、劳动保护措施、有关规章制度等；（3）在协商一致的情况下，可以就部分福利基金的使用方案，以及涉及部分职工生活福利和重要事项作出决议；（4）听取职工代表评议干部的情况，研究提出对干部奖惩和任免的建议，提交职工代表大会审议；（5）根据职工代表大会的授权，处理职工代表大会职权范围内的其他重大问题；（6）经营者和工会认为需要提交联席会议商定的问题。

29. 职工代表团（组）长和专门小组负责人联席会议的组成人员有哪些？

联席会议由三方面的人员组成：一是企业工会委员会委员；二是职工代表团（组）长；三是专门小组负责人。联席会议可以根据会议内容，邀请企业党政负责人或其他有关人员参加。这些被邀请的人员主要包括三方面：一是党政负责人；二是有关方面负责人；三是有业务专长的职工代表。邀请上述人员参加，一方面可以请他们介绍有关情况和政策，另一方面还可以听取他们的意见，便于正确决策，使问题得到妥善解决。但这些人员对有关决议（草案）没有表决权。

30. 职工代表团（组）长和专门小组负责人联席会议的程序是怎样的？

（1）联席会议协商处理的议题，由经营方、

工会、职工代表团（组）或职工代表大会专门委员会（小组）提出，经企业工会委员会汇总确定。

（2）企业工会将拟审议的议题及有关材料，提前发给代表团（组）长和专门委员会（小组）负责人，并由他们征求职工代表和职工群众的意见。

（3）企业工会收集各代表团（组）和专门委员会（小组）的意见后，送交有关部门研究形成或进一步修改议案。

（4）召开会议时，由提出议案的负责人或相关部门介绍议案内容，提出需要研究的主要问题，然后进行认真讨论，各抒己见，在协商一致的基础上，形成决议。

（5）联席会议在讨论问题出现意见分歧时，可以休会，经过沟通、协调，各方面认识趋于一致后，再提交联席会议协商解决。

（6）协商处理问题的结果，或形成决议，交有关部门执行；或责成有关部门负责落实，向下一次职工代表大会报告，予以确认。属于企业重大决策问题，涉及企业改革、改制重组、破产等重大事项，必须提交职工代表大会处理，不能用联席会议代替职工代表大会。

31. 职工代表大会的议题和议案是怎么回事儿？

职工代表大会议题是列入职工代表大会议程的中心内容，即交由职工代表大会审议、通过或决定的各项方案总称。职工代表大会的议题要围绕职工代表大会的任务，组织职工参与企业管理、监督行政、维护职工合法权益方面的事项来确定。

职工代表大会议案是列入职工代表大会会议

议程并交付职工代表大会审议的方案和提案。议题是所有议案的总称，而议案则是一个一个单独的议题。

32. 如何确定职工代表大会的议题和议案？

职工代表大会的议题应当紧紧围绕企业的改革发展规划、生产经营的重大事项、职工群众的切身利益等重要问题提出，议案的内容则应当详细具体，有一定的可操作性。

确定职工代表大会议题的一般程序是：

（1）企业工会或者设立职工代表大会提案委员会的，由提案委员会发出征集提案的通知，通过各种途径广泛征求、充分听取职工群众的意见和建议，征集职工特别是职工代表的提案，全面了解职工对企业生产经营重大问题、重要规章制度和涉及职工切身利益重大问题的意见和建议。通过召开职工代表团（组）长会议、召开职工代表团（组）长和职工代表大会专门小组负责人联席会议等方式进行讨论，初步形成本次职工代表大会议题和议案的草案。

（2）企业工会将拟定的职工代表大会议题和议案的草案与企业管理方协商，根据企业管理方的意见和建议补充修改，确定职工代表大会议题和议案的正式意见。职工代表大会设立提案审查委员会（小组）的，还应当经过提案审查委员会（小组）的审查，主要看提案是否符合有关政策、法规；是否属于企业职权范围，有没有实施的价值和可能。经审查符合条件即可确定，不符合条件的应予以说明。

（3）由企业工会向职工代表大会预备会议提出大会议题和议案的建议稿，由预备会议进行审议，通过后作为职工代表大会正式议题和议案。

职工代表大会议题和议案应当在会议召开七日前以书面形式送达职工代表，以确保职工代表关于提出和决定职工代表大会议题和议案的权利行使，如有不同意见或建议还可以在预备会议上加以修改。之所以强调书面形式也是为了保证这一程序的严肃性和规范性。

33. 什么是职工代表大会的决定和决议？

职工代表大会的决定是职工代表大会就某项重要问题、重要工作任务、重要活动进行决策发布的文件。职工代表大会的决议是经职工代表大会讨论、通过的决定。

34. 职工代表大会形成决议的程序是怎样的？

职工代表大会形成决议的程序主要有：(1) 大会主席团根据职工代表大会对企业领导人的工作报告及其他各项议题进行审议的情况，起草决议草案；（2）将决议草案交给职工代表团（组）讨论，提出修改意见；（3）大会主席团集中各代表团（组）讨论的意见作进一步修改；（4）在职工代表大会上宣读决议草案，并征求职工代表意见；（5）大会对决议草案进行表决形成决议。

35. 职工代表大会选举和表决时应采用什么方式？

职工代表大会选举和表决相关事项，必须按照少数服从多数的原则，经全体职工代表的过半数通过。对重要事项的表决，应当采用无记名投票的方式分项表决。

36. 职工代表大会决议是否具有约束力?

《企业民主管理规定》第二十一条规定:“职工代表大会在其职权范围内依法审议通过的决议和事项具有约束力，非经职工代表大会同意不得变更或撤销。企业应当提请职工代表大会审议、通过、决定的事项，未按照法定程序审议、通过或者决定的无效。”这一规定体现了职工代表大会的权威性、严肃性，表明职工代表大会的决议对企业和企业的全体职工均具有约束力，决议所涉及的相关人员必须按照决议的要求执行。

37. 什么是职工代表大会提案?

职工代表大会提案是提请职工代表大会讨论、决定、处理的方案和建议，是职工代表行使民主权利，参与企业管理的一种重要方式。

38. 职工代表大会提案一般由谁征集？

提案工作一般在职工代表大会筹备期间和会议召开中间进行。提案由职工代表团（组）或职工代表向职工群众征集。提案也可以由几名职工或职工代表联合提出。

39. 提案征集的一般程序是什么？

提案征集的一般程序是：（1）在作出召开职工代表大会的决定后，工会或提案委员会即可发出征集提案的通知，向职工代表发放提案表；

（2）职工代表在调查研究、听取和收集职工群众意见的基础上，填写提案表；（3）各代表团（组）收集本团（组）职工代表提出的提案，交送企业工会或提案委员会；（4）工会或提案委员会对提案进行审查。主要审查提案是否符合有关政策法规；是否符合属于企业范围，有没有实施的价值和可能。经审查符合条件即可立案，不够立案条件的应退给提案人并予以说明；（5）工会或提案委员会对已立案的提案，认真整理、分类登记，然后分别送并企业领导人或有关部门负责处理、实施。有关企业重大问题的提案形成职工代表大会议案，提交职工代表大会讨论。因条件限制一时不能落实的提案，应向提案人说明情况；（6）工会或提案委员会要对提案落实情况进行检查、督促，并在下次职工代表大会上报告提案的处理和落实情况。

40. 提案主要应涉及哪些内容？

提案的内容主要是涉及企业生产经营管理、企业改革、内部分配、劳动保护、规章制度、生活福利和职工教育等方面需要职工代表大会立案处理的重要问题。

41. 好的提案应当具备哪几个特性？

（1）针对性强。提案与一般的工作安排、工作意见、提醒、打招呼不同，与科研、设计、经营决策、施工、调度等也不同。按照职工代表大会工作要求和工作程序，提倡立足职工代表本岗位，把握提案的“度”，有关建议和意见一定要有针对性。这些提案不仅要指出存在的问题与不足，还应有解决方案。不能光提意见，不考虑解决的能力、可能性。不能光出课题，没有解决的办法、措施。有关提案要做到定性分析与定量分

析相结合，力求观点明确、事实清楚、数据准确。文字表达上要做到简单明了、逻辑性强、表达准确。

（2）可行性高。对需要采纳、实施的提案，可组织有关部门或有关人员进行可行性研究。经过可行性研究论证后，对可行类的提案立即组织采纳或者实施。对不可行类的提案，应答复职工代表，说明不可行的原因，给予鼓励。对一些在某些要素暂不具备实施条件但经过努力或者等外部条件变化后即可实施的提案，第一是可分阶段、有目标地实施；第二是可作为储备，努力创造条件或等待条件（时机）成熟后着手实施；第三是完善后实施。对这类提案应高度重视。

（3）效益性突出。提案采纳或实施后，应有经济或社会效益。经济效益指企业增加产值、利润、效率、节约等。社会效益指社会责任（包括SA8000）、环保等。评价体系可考虑数值、影响面、推广价值，或者先进性、新颖性、技术工艺水平等。

42. 提案应当如何办理?

工会或职工代表大会提案工作委员会（小组）负责对征集到的提案进行归类整理，对其中有价值的，送有关领导或者有关部门阅处。可以采纳、实施或者有参考价值的提案，经领导签署意见后，可交有关部门（单位）办理。对重要的提案，可安排大会发言和进行审议。对内容相同或者相近的提案，可合并为一个提案，便于集中处理。

在实际工作中，提案的办理结果通常有四种情况：一是所提问题已经解决，或基本解决的；二是所提问题已正在解决或列入规划逐步解决的；三是所提问题因条件限制暂时无法解决的；四是所提建议、提案留给有关部门参考的。无论提案处理结果是什么，都要给提案人以答复。答复一般采用书面方式，提案管理方签署意见后，直接反馈给职工代表本人。对提案办理结果不满意的，职工代表可以向工会或者有关部门提起申诉。所有的提案，必须登记建档。对已经采纳、实施、表彰奖励的提案，也应记载其过程和结果。

43. 如何制定好职工代表大会制度实施办法？

职工代表大会制度实施办法也叫实施细则，是企业实行民主管理、落实职工代表大会制度的各项操作规则的文件。实施办法制定的质量如何，事关职工代表大会制度的真正落实，因此需要重视。

（1）制定职工代表大会制度的实施办法（细则）的主要依据：一是党的方针政策；二是有关法律法规的规定和企事业单位的实际情况。只有严格依照政策法律办事，制定出来的制度才有合法合规性；只有考虑企业所处的客观环境和实际情况，制定出来的实施办法才能为大多数职工所理解和支持，并积极参与。

（2）实施办法（细则）的主要内容。一是建立健全完善规范体系，使职工代表大会的职权内容、组织制度、工作制度和闭会期间的民主管理活动有章可循；二是建立健全完善责任体系，使职能部门职责、监督协调职责、领导调控决策运作体系等责任明确，落实到人；三是建立健全完善检查考核体系，是职工代表大会真正融入企业，成为整个企业制度体系中的重要一环；四是建立健全完善评价体系，把职工代表大会通过的重要事项、职工代表大会文件质量、职工代表大会组织程序、职工民主参与效果等作为评估的重点，不断改进职工代表大会的工作，使职工满意。

实施办法
规定上说
怎么做

NO.3

职工代表

44. 什么是职工代表？

职工代表是企业职工按照一定民主程序选举产生，代表广大职工参加企业职工代表大会、行使民主管理权利的职工。

45. 当选职工代表大会代表的基本条件是什么？

一般说来，按照法律规定与用人单位建立劳动关系的职工都可以当选为职工代表。与用人单位建立劳动关系是指与企业签订了劳动合同建立

劳动关系的职工。同时，也包括与企业存在事实劳动关系的职工。

当选职工代表应当具备以下条件：（1）应有一定政治觉悟和政策水平；（2）有一定的业务技术知识和管理能力；（3）能做好本职工作，有较强的责任感；（4）关心集体、遵守纪律、联系群众、办事公道；（5）在职工群众中有一定的威信。

46. 职工代表大会代表的构成及比例有哪些规定？

职工代表人数应当按照企业全体职工人数，根据单位性质、治理结构、管理模式因素综合确定。具体比例和人数应当按照本企业职工

代表大会实施办法（细则）确定，或由企业与工会协商确定，但最少不得低于30人。职工人数按照不少于全体职工人数的5%确定。在实践中，通常1000人以下的中小型单位代表比例可大一些，占职工总数的10%～20%之间；1000人以上的大中型单位代表比例可小一些，占职工总数的5%～8%之间，大型企业的比例还可以再小一些。职工代表的人数不宜过少，生产一线班组的职工代表一般不能少于代表总数的50%。职工代表中应有工人、技术人员、管理人员、领导干部和其他方面的职工。高层管理人员所占比例一般不超过职工代表总数的五分之一，这其中也包括了担任企业行政中层正职的领导干部。有女职工和劳务派遣职工的企业，职工代表中应当有适当比例的女职工和劳务派遣职工代表，农民工比较集中的企业要有相应的代表。

47. 如何选举产生职工代表大会代表？

企业应当根据职工人数和生产（行政）单位

设置状况确定职工代表总数、划分选区、分配名额，进行职工代表的选举。各选区按照分配名额，由工会负责组织职工直接选举职工代表。一般程序是：

（1）制定选举方案。根据企业职工人数和单位设置状况确定代表总数及名额分配方案，划分选区，制定选举办法。选区的划分，一般应以班组或工段为单位，大型企业也可以车间（分厂、子公司、分公司）为单位。合理划分选区就是要使职工代表合理分布，保证企业内的每个行政单位都有代表。行政单位大的可以单独形成一个选区，行政单位小的可以由几个单位联合形成一个选区。

（2）进行宣传和发动。企业工会应通过多种形式，广泛宣传职工代表大会的性质、意义、职权、任务和选好职工代表的重要性，组织职工学习企业民主管理的相关文件，明确职工代表的权利和义务，把选举职工代表的过程作为向职工进行民主管理教育的过程，使全体职工以高度负责的态度选好职工代表。

（3）酝酿职工代表候选人。在宣传发动的基础上，企业工会应组织职工以选区为单位，发扬民主，充分酝酿职工代表候选人。

（4）选举职工代表。各选区按照分配的代表名额，组织职工进行直接选举。选举采用无记名投票方式差额选举。大型企业可以在车间（分厂、子公司、分公司）职工代表大会的职工代表中推举参加企业职工代表大会的职工代表。企业领导人应分到选区，以普通职工的身份参加选举。总之，要充分体现选举人的意志，不允许有任何“当然代表”和“指定代表”。职工代表在职工代表大会换届时，可连选连任。

（5）职工代表资格审查委员会（小组）对选出的职工代表进行资格审查。审查的内容为：是不是具有担任职工代表的资格；是不是严格按照民主程序选举产生的，即选举时是否有本单位三分之二以上的职工参加，是否获得本单位全体职工过半数的同意票，是否有不正当的竞选行为等。对不符合规定的，应取消其代表资格。

（6）职工代表选出后，应按选举单位的隶属关系组成代表团（组）。代表团（组）长由本团（组）的职工代表民主推选产生。

48. 职工代表常任制是指什么？

为了保障职工代表大会工作经常化、制度化，就必须使职工代表相对稳定。这样一方面可以增强职工代表的自豪感和责任感，促进职工代表珍惜自己的代表身份，更自觉地做好民主管理工作；另一方面也便于对职工代表的组织管理，建立一套比较完善的组织机构和工作制度。因此，《企业民主管理规定》规定：“职工代表实行常任制，职工代表任期与职工代表大会届期一致，可以连选连任。”

49. 罢免职工代表大会代表的程序及通过的条件是什么？

职工代表既然是职工群众选举的，那么撤换其代表资格也应通过相应的程序。撤换职工代表的一般程序是：选举单位职工提出撤换职工代表的要求；工会及时调查核实；原选举单位召开会议讨论，被撤换的职工代表可参加会议并可以申辩；经选举单位讨论，半数以上职工同意，即可作出撤换职工代表的决定；原选举单位将撤换职工代表的决定报告企业工会，由企业工会宣布并备案；选举单位职工按照民主程序选举新的职工代表，经职工代表资格审查委员会

（小组）审查后，替补被撤换职工代表的缺额。

50. 职工代表大会代表享有哪些权利？

（1）有选举权、被选举权和表决权。即在职工代表大会上有选举和当选为大会主席团成员、职工代表大会专门委员会（小组）成员和参加董事会、监事会、劳动争议调解委员会的职工代表的资格；有在职工代表大会上对各项决议、议案行使表决权的资格。

（2）有权参加职工代表大会及其工作机构，对企业执行职工代表大会决议和提案落实情况的检查；有权参加对企业行政领导人员的质询。职工代表对企业执行职工代表大会决议和提案落实情况的检查是在职工代表大会及其工作机构的组织下进行的，不是职工代表个人的随意行为。职工代表的这项权利还表明，企业各级行政领导人员，有接受检查和质询并认真作出回答的义务。

（3）职工代表因参加职工代表大会组织的各项活动而占用生产或者工作时间，有权按照正常出勤享受应得的待遇。

（4）对职工代表行使民主管理权利，任何组织和个人不得压制、阻挠和打击报复。

51. 职工代表大会代表应当履行哪些义务？

（1）努力学习党的方针和政策、国家的法律法规，不断提高政治觉悟、技术业务水平和参加管理的能力。

（2）密切联系群众，代表职工合法利益，如实反映职工群众的意见和要求，认真执行职工代表大会的决议，做好职工代表大会交给的各项工作。

（3）模范遵守国家的法律法规和企业的规章制度、劳动纪律，做好本职工作。

52. 职工代表大会所设列席代表和特邀代表分别是哪些人？

特邀代表可以是原单位党政工领导、曾经作出特殊贡献人员、具有特殊荣誉称号人员。

列席代表可以是没有当选为职工代表的单位领导、有关部门负责人；相关利益职工群体的代表；企事业单位主管部门代表、有关部门（组织）代表。有的单位中参加民主党派的知识分子较多，可选派代表，代表民主党派列席会议。

NO.4

职工代表怎样参加职工代表大会

53. 职工代表参加职工代表大会应注意哪些问题？

（1）要坚持实事求是的原则。职工代表在参加企业管理的各项活动中，要牢记自己是职工群众的代表，是在代表职工群众行使民主管理的权利，自己的一言一行要对职工群众负责，不能以个人意见和见解来代替职工群众的意见。因此，要如实地、尽量全面地表达和反映职工群众的意见和要求，坚持以事实为根据来说话。在表决时，不要盲目随波逐流，也不应害怕别人议论而放弃自己的意见。要如实地传达职工代表大会的决议和决定，力求做到传达不走样，不遗漏主要精神。注意不能因为个人意见被否决就进行片面的宣传和解释。

（2）要勇于代表职工讲话。职工代表作为职工群众的代言人，在重大原则问题上要出于公心，敢于坚持真理、坚持正义，敢于代表群众说话，不怕打击报复，不怕挫折，不计较个人得失。

（3）要注意改进思想方法和工作方法。一是既要注意生活福利问题，也要注意生产经营问题。职工的生活福利问题不容忽视，但是不能只注意这一个方面，而要以更多的精力来思考、研究生产经营方面存在的问题，如产品质量、成本、品种以及产品销售前后的服务等。要善于找出生产经营中的薄弱环节，积极提出建议加以解决。二是要注意变被动参与为主动参与。职工代表的高度负责精神，充分体现在职工代表的自觉性和主动性上。职工代表不是企业的岗位职务，是受群众委托参与管理工作，因而这种自觉主动精神更加可贵。职工代表要在参加企业各项民主管理活动中勤于动脑，注意观察，积极主动地发表意见、提出建议。三是要注重调查研究，全面把握事物的本质。职工代表在参与管理的过程中，要使自己的意见、建议能够“参”到点子上，必须对所反映问题的实质有全面的、正确的认识。而要做到这一点，就必须深入调查研究，尽可能地全面了解情况，并对了解和掌握的情况，认真进行分析、比较，去粗取精，去伪存真，这样才能比较深刻地揭示事物的本质，作出正确的判断。

（4）要保持同群众的密切联系。职工代表是职工群众中的一员，必须同群众保持密切的联系，取得群众的信任和支持，从群众中得到智慧和力量。如果脱离群众，听不到群众的呼声，不掌握真实的情况，就不可能发挥职工代表应有的作用。职工代表要保持同群众的密切联系，一要以身作则，处处为群众作出榜样，得到群众的信任和尊重。二要同群众讲真话，只有自己同群众推心置腹，才能让人把心里话亮出来，从而得到真实的情况。三要广泛地接触群众，特别是要多接触与自己意见不同的职工群众，不能只从个人感情和兴趣出发，只与少数人联系，要团结大多数。四要热心为群众办实事，要想群众之所想，急群众之所急，真心实意为群众排忧解难。

（5）正确处理国家、企业、职工三者利益关系。在社会主义制度下，国家、企业、职工利益从根本上说是一致的，但有时也会发生一些矛盾。作为职工代表，首先要以国家利益为重，局部利益服从全局利益，从国家这个大局出发，把企业的事情办好。如果每个职工代表都不顾国家的利益，片面强调企业利益、个人利益，就会影响全局，给国家造成更大的压力和负担。这不符合工人阶级的根本利益。在企业内部也有局部利益与全局利益的矛盾。每个职工代表，是由各基层单位选举出来的，当然要如实反映和代表本单位职工的意见。但职工代表大会作出决议以后，不论是否符合本单位职工的意愿和要求，都应积极拥护和认真贯彻执行，不能采取任何消极态度来对待，这是作为职工代表必须具备的品质和必须遵守的纪律。

54. 职工代表参加职工代表大会会前应做好哪些工作？

在参加职工代表大会之前，职工代表要做好必要的准备工作：（1）认真阅读企业行政的工作报告（讨论稿）和各项方案（草案）等文件，了解和掌握大会中心议题；（2）进行调查研究，广泛听取职工群众对企业行政工作报告（讨论稿）和各项议案（草稿）等文件的意见和建议；（3）将综合整理好的意见和建议，以口头或书面形式反映给所在的职工代表团（组）；（4）在征集群众意见基础上，提出职工代表的提案。

55. 职工代表参加职工代表大会召开期间应做哪些工作？

在职工代表大会会议召开期间，职工代表要认真参加各项工作：（1）根据通知要求，做好准备，按时参加职工代表大会的预备会议和正式会议；（2）参加预备会议，听取并审议职工代表大会主席团名单、大会秘书长名单、代表资格审查委员会关于代表资格的审查报告、大会议程和其他需要确认的事项；（3）认真听取企业或有关领导人在职工代表大会上所作的工作报告、议案说明；（4）做好讨论发言的准备，有条件的可写出发言提纲；（5）积极参加对工作报告和各项议案的讨论，在讨论会上，要畅所欲言、充分发表意见；（6）根据职工代表大会议程，经过充分思考，认真行使表决权和选举权。参加无记名投票时，如感到不方便，可以要求大会提供互相回避的条件。

56. 职工代表大会闭会期间职工代表需要做些什么？

职工代表大会闭会期间，职工代表要积极宣传贯彻大会的各项决议、决定，做好有关工作：（1）向所在单位职工汇报、宣传职工代表大会通过的决议或作出的决定，对职工群众不清楚的问题做好解释工作；（2）收集周围职工对职工代表大会通过的各项决议、决定的意见，向所在职工代表团（组）反映；（3）以实际行动影响和带动周围职工群众贯彻落实职工代表大会的决议和决定。

57. 职工代表参加职工代表大会应注意些什么？

为保证大会顺利进行，职工代表在人会期间的活动，应按照统一的部署、确定的规范和程序进行，做到：（1）妥善安排好自己的工作，尽量做到在参加大会期间，生产工作不受影响；（2）要了解掌握职工代表大会行使各项职权的程序、规范，以便正确有效地行使职权；（3）树立整体观念，加强组织纪律性。不能因为某个程序与己无关或不感兴趣而中断参加活动。

58. 职工代表如何积极参加日常的民主管理活动？

民主管理日常活动是职工代表大会活动的继续和深入，是以贯彻落实职工代表大会决议、决定为主要内容开展的。职工代表受职工群众的委托参与企业民主管理，行使民主权利，应当努力反映和表达职工群众的意愿和要求；同时，还要

向职工群众传达、解释职工代表大会的决议和决定，并以实际行动带头认真贯彻落实职工代表大会的决议和决定。(1) 根据职工代表大会通过的年度生产经营目标，积极组织和带动周围职工踊跃参加合理化建议活动；(2) 及时反映生产经营中出现的问题，对各种损害国家、企业和群众利益的现象提出批评，或向有关部门反映，敦促纠正和解决；(3) 参加职工代表团（组）组织的职工代表视察活动，积极提出问题，对重要问题要做好记录；(4) 参加职工代表大会有关专门小组组织的民主质询、民主对话及其他活动；(5) 参加职工代表大会决议贯彻落实情况的检查监督工作；(6) 在车间、班组民主管理中发挥骨干作用。

职工代表参加日常民主管理活动应注意，日常民主管理活动具有分散、小型、多样的特点，有些活动是在工会的组织下开展的，而不是把全体职工代表组织在一起进行。因此，要求职工代表做到：一是采取多种方式，广泛接触群众，收集和反映职工的意见和建议；二是充分发挥个人主动性，注意发现问题并协助领导解决问题。

59. 如何审议行政工作报告？

行政工作报告通常分为以下几个部分：一是企业生产经营和企业承担社会责任的情况；二是党和国家要求向职工代表大会报告的业务招待费、“三重一大”（企业重大决策、重要人事任免、重大项目安排和大额资金运作）情况等；三是企业规章制度订立修改实施的情况；四是企业内重大事项或其他要求企业由职工代表大会审议通过的事项；五是涉及职工利益的事项。

职工代表听取企业行政工作报告，通过职工代表团（组）分组讨论，以书面或口头形式提出意见和建议。

60. 职工代表大会民主评议的对象和内容分别是什么？

对企业领导从德能勤绩四个方面进行民主评议

职工代表大会民主评议企业领导人员一般是国有独资企业、国有控股企业（含国有独资金融企业和国有控股金融企业）及其分支机构的领导班子及成员。民主评议的具体人员也可由地方、有关主管部门和本企业根据实际情况来确定。非国有企业也可以根据自己企业的实际情况对企业领导人员进行民主评议。

职工代表大会民主评议企业领导人员要根据其承担的工作职责和目标任务，从德、能、勤、绩四个方面进行评议。“德”是指企业领导人员政治素质、职业操守、思想觉悟、政策水平、道德品质。主要看企业领导人员是否坚持学习贯彻党和国家的方针政策，遵守国家法律法规；是否廉洁从业，全心全意依靠职工办企业，勤奋敬业、尽职尽责维护国家和企业利益。“能”是指企业领导人员履职能力，对所负责工作的组织、领导、指挥、控制、协调的能力及所具有的业务知识水平。“勤”是指企业领导人员的工作作风和工作态度。主要是看企业领导人员是否对工作兢兢业业、任劳任怨；是否有好学求知的进取心，不断努力学习新知识，学习党的方针政策和国家法律法规，提高自己政治理论水平和业务素养；是否关心职工群众，倾听职工群众的呼声，帮助职工群众排忧解难。“绩”是指企业领导人员的工作实绩，是其在工作岗位上取得的实际工作成绩，包括完成各项经济技术指标和其他工作任务的情况。

职工代表大会民主评议企业领导人员要根据不同时期、不同企业特点，确定民主评议的重点，不断深化民主评议内容。当前，要将企业重大决策、重要人事任免、重大项目安排和大额度资金运作事项决策制度的公开情况，企业领导人员廉洁从业情况，涉及职工切身利益重大事项的决策及执行情况，重要规章制度的制定及执行情况，实行厂务公开情况等，作为职工代表大会民主评议的重要内容，使职工代表大会制度在促进国有企业党的建设、推动科学发展、构建和谐企业中充分发挥作用。

61. 民主评议企业领导人员由谁组织实施？

职工代表大会民主评议企业领导人员工作要在企业党委（党组）领导下，由职工代表大会主席团主持进行，职工代表大会应建立民主评议专门委员会（小组），负责职工代表大会交办的民主评议事项及监督检查民主评议结果落实等情况。上级组织人事部门要对职工代表大会民主评议国有企业领导人员工作进行指导和监督。

62. 民主评议企业领导人员一般分为哪几个阶段？

民主评议一般分为准备、述职、评议、测评、反馈、整改六个阶段，也可根据实际情况做适当

调整。

（1）准备阶段。此阶段要做好四项工作：一是报请党委审议安排意见，确定被评议对象；二是召开职工代表大会主席团会议审议通过安排意见；三是职工代表大会评议监督领导人员工作委员会（小组）具体筹备评议的有关事项；四是做好被评议领导人员的思想发动工作，督促其按照评议内容撰写述职报告。

（2）述职阶段。企业领导人员在职工代表大会上述职。

（3）评议阶段。各代表团（组）长组织职工代表依次对被评议者进行口头评议，评议监督领导人员工作委员会（小组）成员和有关工作人员负责记录。被评议者应当回避。

（4）测评阶段。测评应当采用无记名投票方式进行。参加测评的职工代表必须超过应到会人数的三分之二。

（5）反馈阶段。由职工代表大会评议工作专门机构整理职工代表的评议意见，统计测评结果，提出奖惩建议，经职工代表大会主席团审议后，向职工代表公布，并报送有关组织人事部门，作为对企业领导人员任免和奖惩的重要依据，同时向被评议的领导人员反馈评议结果。

（6）整改阶段。被评议者对职工代表评议中提出的意见要认真对待，积极整改；评议后的整改情况由有关组织人事部门向下次职工代表大会作出书面报告。

63. 民主评议企业领导人员应注意哪些问题？

（1）建立组织保证制度，确保评议的独立性。企业成立职工代表大会民主评议专门委员会（小组），制定切实可行的民主评议方案。

（2）建立审定报告制度，确保评议的客观性。教育引导被评议人和职工代表提高认识、端正态度，正确对待民主评议工作。

（3）建立职工代表咨询制度，确保评议的民主性。要安排充分时间组织职工代表进行民主评议，接受职工代表的质询，评议工作采用无记名投票方式进行。

（4）建立统计分析制度，确保评议结果的科学性。职工代表大会民主评议企业人员进行统计，对评议数据进行量化分析。

（5）建立评议反馈制度，确保评议的公开性。向企业党委、被评议人反馈评议情况后，向职工代表大会报告民主评议结果。

民主评议干部要坚持实事求是、一分为二，注重干部的主流和工作实绩。职工代表在测评时，要表达职工的意愿，郑重地行使民主权利。评议时，要从关心爱护干部出发，以事实为依据，注意保护被评议干部的积极性。

64. 职工协商代表是如何产生的？

职工协商代表由本单位工会选派。工会选派的职工协商代表要经相应的民主程序认定。其具体的产生方式一般可由工会选派，经工会委员会

会议、工会会员代表大会或职工代表大会等形式确认；也可以由工会提名候选人，经工会会员代表大会或职工代表大会民主选举产生。

65. 职工代表审议集体合同草案应遵循哪些原则?

（1）合法性原则。就是审查集体合同内容是否符合国家和地方的法律法规的有关政策，不能与之相抵触。同时，还要审查协商过程及协商形式是否合法。只有做到这些，才能使集体合同具有法律效力，对企业和职工都具有约束力。

（2）充分体现职工意愿的原则。集体合同是用人单位与本单位职工就劳动报酬、工作时间、休息休假、劳动安全卫生、职业培训、保险福利等事项通过平等协商签订的书面协议。因此，集体合同必须真正体现大多数职工的利益要求。不能以个人或少数人的主观意志代替广大职工的意愿，更不能迫使职工接受企业方提出的单边条件，否则集体合同就不能成立。

（3）坚持企业职工双赢目标的原则。职工代表在审议集体合同草案时，要正确对待和处理各种利益关系，不仅要考虑职工的利益，也要兼顾国家、企业和其他方面的利益，把职工的合理要求与企业实际的承受能力结合起来，既要保证职工权益不受侵害，也要防止职工提出过高要求，使企业、职工共同受益，实现双赢目标。

66. 职工代表大会审议集体合同草案的程序是怎样的？

（1）审议前的准备工作。工会要在职工代表大会召开的前一周将集体合同草案发到全体职工手中，使之提前熟悉和研究集体合同草案的内容，并听取所在单位职工的意见，事先准备好修改意见。

（2）向职工代表大会报告。由工会说明集体合同草案起草过程、集体合同草案的内容及制定的依据、企业与工会协商的情况。

（3）组织职工代表讨论。请职工代表进一步修改和完善集体合同草案。

（4）职工代表大会表决。集体合同草案对企业和职工而言都属重大事项。因此，按照有关规定，职工代表大会对集体合同草案的表决应采取无记名投票方式进行。依据职工代表大会的规则，对集体合同表决应有三分之二以上职工代表出席，须经全体职工代表半数以上同意，集体合同草案才能获得通过。集体合同草案通过后，由企业方与工会方的代表签署，生效实施。如没有通过，则不应强行实施，应根据职工代表的意见修改后，再进行表决。

对集体合同表决应有三分之二以上职工代表出席

NO.5

职工代表与自身素质的提高

67. 职工代表履职应当具备哪些基础知识？

一是要学习掌握党的路线方针政策；二是要了解相关的法律法规；三是要具备一定的企业管理知识，如了解一些财务报表和利润表知识；四是要深入学习企业民主管理知识。

68. 职工代表需要了解的法律法规有哪些？

（1）涉及劳动关系的法律法规，如劳动合同，集体合同，工作时间和休息休假，工资，劳动安全卫生，女职工和未成年工特殊保护，职业培训，社会保险和福利等。

（2）关于企业民主管理的法律法规。一是国家立法层面，我国《宪法》和《劳动法》《工会法》《公司法》等法律中，对职工参与民主管理提出基本要求。二是根据国家法律制定的其他法规，如《劳动合同法》《企业法》《中外合作经营

企业法》《城镇集体所有制企业条例》《乡村集体所有制企业条例》《外资企业法实施细则》等对职工参与企业管理作出了更为具体的规定。三是地方人民代表大会制定的地方关于企业职工民主管理的法规。四是有关部门制定的企业职工民主管理的专门法规，如《全民所有制工业企业职工代表大会条例》，形成了企业民主管理法律法规较为完整的体系。2012 年，中共中央纪委、中共中央组织部、国务院国有资产监督管理委员会、监察部、中华全国总工会、中华全国工商业联合会联合下发了具有部颁规章性质的规范性文件《企业民主管理规定》。

NO.6

职工代表大会制度创新

69. 什么是区域（行业）职工代表大会制度？

所谓区域（行业）职工代表大会制度，是指县级以下一定区域或性质相近的行业内，若干中小企业，通过民主选举代表，联合召开会议，组织职工参与企业管理，行使民主管理权力，协调解决区域（行业）内劳动关系共性问题的一整套办事规程或活动准则。区域（行业）职工代表大会是本区域（行业）内职工参与民主管理的基本形式，也是区域（行业）实行政务公开、厂务公开的有效渠道。

70. 区域（行业）职工代表大会制度的主要任务和职责是什么？

区域（行业）职工代表大会的主要任务是：组织区域（行业）内企业职工参与企业管理，保障职工民主管理权利，推进政务公开、厂务公开；

促进区域（行业）内企业经营管理者与职工进行有效沟通协调，推动平等协商、集体合同制度的建立与实施，维护职工劳动经济权益、社会权益和精神文化权益，构建和谐稳定的劳动关系，促进企业改革发展和所在地区经济社会协调发展。

区域（行业）职工代表大会的主要职责包括：一是听取区域（行业）执行国家有关劳动法规政策情况报告，区域（行业）劳动关系状况报告，并提出意见和建议；二是讨论区域（行业）内企业有关劳动报酬、工作时间、休息休假、劳动安全卫生、保险福利、职工培训、劳动纪律以及劳动定额管理等直接涉及职工切身利益的重大问题，提出意见和建议；三是讨论通过区域（行业）集体合同草案和专项集体合同草案；四是审议监督区域（行业）内企业执行劳动法律法规和区域（行业）职工代表大会决定事项情况，签订和履行劳动合同、集体合同情况，缴纳社会保险费情况，实行厂务公开情况等；五是审议决定区域（行业）职工代表大会的其他事项。

71. 什么是集团企业职工代表大会制度？

《企业民主管理规定》第十六条规定："集团企业的总部机关和各分公司、分厂、车间以及其他分支机构可以按照一定比例选举产生职工代表，召开集团企业职工代表大会，实行企业民主管理。集团企业的总部机关和各分公司、分厂、车间以及其他分支机构，按照本规定建立职工代表大会制度，在各自的职权范围内分别开展民主管理活动。"这一规定有两层含义：一是集团企业可以建立集团一级职工代表大会制度；二是集团企业的分支机构依然应当依照相关规定建立企业职工代表大会制度。这里所说的集团企业是泛指包括企业集团和多个子公司、分公司组成的多层级管理的大型企业在内的集团性质的企业。

总部机关和各分公司、分厂、车间以及其他分支机构可以按照一定比例选举产生职工代表，召开集团企业职工代表大会。管理层级较多的企业，参加上一级职工代表大会的职工代表，可以在下一级职工代表大会职工代表中选举产生，也可以由全体职工直接选举产生。具体的职工代表比例和人数以及选举的条件和程序，可以参考企业职工代表大会制度变通执行。集团性质的企业应当根据企业管理职权层级的设置，分别组织召开不同层级的职工代表大会，建立多级职工代表大会制度。集团企业建立的集团职工代表大会制度，并不能够替代和取消子公司、分公司以及其他集团企业的分厂、车间以及其他分支机构的职工代表大会，集团企业的总部机关和各分公司、分厂、车间以及其他分支机构仍然有权按照相关程序，选举产生职工代表，在集团企业的总部机关和各子公司、分公司、分厂、车间以及其他分支机构内建立职工代表大会制度，在各自的职权范围内分别开展民主管理活动。

72. 召开职工代表大会会前向上级工会报告的程序和内容是什么？

（1）报告程序。

报告：企事业单位召开职工（代表）大会（含

临时或专项职工代表大会)，须由本单位工会或职工（代表）大会筹备委员会（小组）于会前 15 日向上一级工会组织报告。

回复：上级工会组织收到所属基层企事业单位工会或职工（代表）大会筹备委员会（小组）“××单位关于召开职工（代表）大会的报告”后，应认真审查报告的内容，作出同意召开的批复，并就不符合有关规定之处提出修改、调整的意见，必要时应直接深入基层予以具体指导处理。上级工会一般应于接到报告 3 个工作日内按公文管理要求编号发文回复报告单位。上级工会组织未在规定时间内按规定方式回复的，视为对企事业单位报告内容无异议且同意开会。

建档：企事业单位工会要建立健全职工（代表）大会文件资料档案管理制度。上一级工会组织对下一级工会上报的职工（代表）大会报告的书面批复意见也要建立健全档案资料，以备查用。

（2）报告内容一般应包括：①会议召开的时间及会标；②会议议程；③行政工作报告；④拟讨论、审议、通过或决定的方案、议案、事项、内部重要规章制度等；⑤重要议案、方案是否提前公开以及职工讨论和征求意见情况；⑥企事业

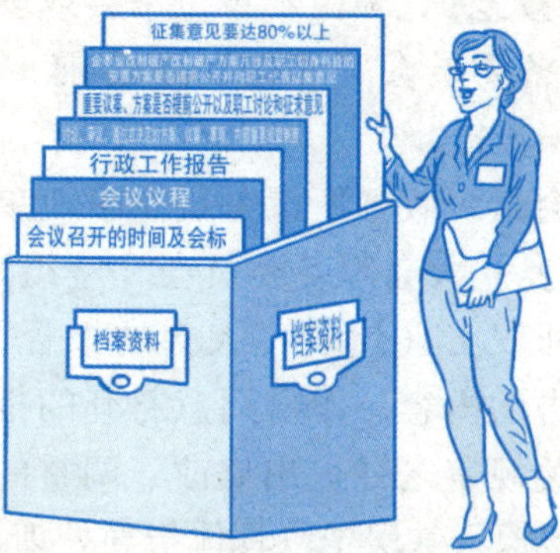

改制破产时，改制破产方案和涉及职工切身利益的安置方案是否提前公开并向职工代表征集意见，征集意见要达80%以上；⑦职工代表比例、资格审查及结构情况；⑧其他与会议召开程序相关需报告的事项。

73. 职工代表述职的内容包括哪些？

（1）职工代表在参加职工（代表）大会讨论审议重大决策、决定和涉及职工切身利益重大事项中做了哪些工作。

（2）职工代表在宣传贯彻职工（代表）大会精神，落实职工（代表）大会决议方面做了哪些工作。

（3）职工代表在广泛发动职工群众，积极征集和收集职工提案中做了哪些工作。

（4）职工代表在公司职工（代表）大会闭会期间，参与民主监督、民主管理活动中做了哪些工作。

（5）职工代表在巡视检查活动中，是否及时把身边职工反映强烈的热点、难点、重点问题反映上来，为领导正确决策当好参谋。

（6）职工代表在监督本单位搞好厂务公开、事务公开中做了哪些工作。

（7）职工代表在维护职工合法权益，敢于向损害国家、集体、职工利益的行为作斗争中做了哪些工作。

74. 职工代表述职评议的程序怎么走？

（1）由本单位职工代表述职评议领导组于会前 15 日向被评议的职工代表发出通知。

（2）被评议的职工代表根据通知精神，认真写出述职报告。

（3）被评议的职工代表在职工代表大会或职工大会上向参会人员述职。

（4）职工代表大会或职工大会参会人员听取职工代表述职后，以无记名方式对被评议职工代表进行评议。评议时发给职工代表（职工）测评表，测评表分优秀、称职、不称职。

（5）职工代表述职评议领导组根据大会选出的监票员、计票员所汇总统计的评议结果，当场向全体参会人员公布评议结果。

75. 职工代表巡视小组应当由哪些人组成？

巡视小组要有团（组）长、副团（组）长、成员等若干人组成，正、副团（组）长由工会主席、副主席担任，成员为职工（代表）大会专门工作委员会成员、有关方面职工代表以及少数劳模、特邀代表。巡视小组成立后，要制订巡视计划。巡视员必须具备较强的处理问题的能力和较高的政策水平。巡视员实行非常任制，每次巡视一项或几项任务，巡视任务完成即自行解散。

76. 职工代表巡视检查的内容有哪些？

（1）职工（代表）大会精神的贯彻落实情况。

（2）职工（代表）大会决议和提案的落实情况。

（3）广大职工关注的热点、难点、重点问题。

（4）安全生产、经营管理、多种经营、项目投资及为职工办实事情况等。

77. 职工代表巡视检查的具体步骤是什么？

（1）巡视检查由工会牵头并组织负责实施。

（2）在组织巡视前，应向党政书面汇报巡视方案，取得党政的支持。

（3）根据工作需要或领导安排，巡视检查要以定期、不定期及抽查的方法进行，可以分组、分类、分专业进行，一次可以进行专项巡视检查，也可以全面进行。

（4）巡视检查组巡视时要坚持听汇报、看资料、找问题、查现场、座谈相结合的方法，进行综合了解。

（5）巡视检查结束后，每个代表都要写出巡视检查的意见或建议，交工会汇总。

（6）有关部门和单位对巡视检查团提出的问题，要慎重对待，认真整改，整改完毕后，要及时写出报告上交党政工领导。

（7）每次巡视结束后，工会要及时写出总结报告，供党政领导参阅，并向下次职工代表大会或联席会报告。

（8）职工代表巡视检查一般为每年两次至四次，根据本单位工作需要可增加或减少。

贯彻职代会决议

NO.7
厂务公开

78. 什么是厂务公开？

所谓厂务公开，是指企业依照有关法律法规的规定和相关政策要求，将与本单位改革发展稳定和职工切身利益密切相关的重大问题和重要事项，通过职工代表大会和其他适当形式向广大职工公开，为组织职工参与决策、管理和监督创造前提条件的一整套办事规程或行动准则。

厂务公开是对所有的企事业单位的公开制度的简称，这里讲的“厂”，泛指包括工业、交通、建筑、金融、财贸等各行各业各种类型和形式的公司、工厂在内的企业和事业单位。

79. 厂务公开应当包括哪些内容?

《企业民主管理规定》第三十四条对所有的企业实行厂务公开的具体内容作了原则性规定，主要包括：企业经营管理的基本情况；招用职工及签订劳动合同的情况；集体合同文本和劳动规章制度的内容；奖励处罚职工、单方解除劳动合同的情况以及裁员的方案和结果，评选劳动模范和优秀职工的条件、名额和结果；劳动安全卫生标准、安全事故发生情况及处理结果；社会保险以及企业年金的缴费情况；职工教育经费提取、使用和职工培训计划及执行的情况；劳动争议及

厂务公开应当包括的内容

处理结果情况以及法律法规规定的其他事项。

概括地说，企业实行厂务公廾的内容主要涉及企业经营管理的基本情况和企业劳动关系的具体情况，重点是涉及职工切身利益的劳动关系方面的情况。这些内容，在不同的法律法规中都有直接或者间接的要求，如《劳动法》规定集体合同草案必须经职工代表大会审议通过，《劳动合同法》规定企业单方解除劳动合同除劳动者有严重过错外必须事先通知工会，等等。

80. 国有及其控股企业厂务公开有哪些特殊要求？

《企业民主管理规定》对国有及其控股企业除了公开经营管理等事项外，还应当公开下列事项：

（1）投资和生产经营管理重大决策方案等重大事项，企业中长期发展规划。

（2）年度生产经营目标及完成情况，企业担保、大额资金使用、大额资产处置情况，工程建设项目的招投标、大宗物资采购供应、产品销售和盈亏情况，承包租赁合同履行情况，内部经济责任制落实情况，重要规章制度制定等重大事项。

（3）职工提薪晋级、工资奖金收入分配情况；专业技术职称的评聘情况。

（4）中层领导人员、重要岗位人员的选聘和任用情况，企业领导人员薪酬、职务消费和兼职情况，以及出国出境费用支出等廉洁自律规定执行情况，职工代表大会民主评议企业领导人员的结果。

（5）依照国家有关规定应当公开的其他事项。

81. 厂务公开有哪些实现形式？

（1）基本形式。职工代表大会是企业民主管理制度的基本形式，也是厂务公开的主要载体。

（2）专用形式。包括专门用于公开厂务的厂务公开栏、厂情发布会、厂务公开网络，以及为公开某些事项而召开的各种会议等。这些形式的特点是直接面向广大职工群众，及时、直观，方便职工随时了解相关情况。其缺点是单向性，本身不具备反馈机制。因此，应当注意通过意见箱、监督电话等及时收集和了解职工的反映。

（3）特有形式。职工董事、职工监事参加董事会、监事会制度，工会参加党委和经理办公会制度，以及党政工联席会议制度等，这些既是职工参与企业管理的重要制度，也是职工间接了解企业经营管理情况的有效渠道。公司制企业除了职工董事、职工监事制度外，还有信息披露制度的公开形式，主要是指物资采购供应和基建项目的招投标，人才公开招聘、选任，上市公司依照有关规定公开披露财务报表等。

（4）媒体形式。包括企业的广播、电视、厂报、墙报等。经职工代表大会审议通过的，或经过其他形式公开以后需要在更大范围宣传的厂务公开事项，都可以通过媒体形式进一步公开。

目前，不少企业推行“手机中的厂务公开”，通过手机中的企业内部 QQ 群、微信群、微博、短信等新媒体形式公开厂务，受到企业职工的青睐。

NO.8

职工董事、职工监事

82. 什么是职工董事、职工监事制度？

职工董事、职工监事制度，是通过职工代表大会选举产生的职工董事、职工监事依法参与公司决策、行使监督权利的一系列工作规程、权利与义务规定和履行职责要求等规则的总称。

职工董事、职工监事是指通过职工代表大会（或职工大会及其他形式）民主选举进入董事会、监事会，代表职工行使决策和监督权利的职工代表。

83. 职工董事、职工监事任职的条件有哪些？

总体来看，职工董事、职工监事人选应当具备三方面的条件：

（1）具有较高的政治素质和较好的群众基础，有一定的权威性和影响力，能够代表和反映职工群众的意见和要求。

（2）具有一定的经营管理知识，掌握相关的

法律、政策、专业知识和工作经验，对本公司的生产经营管理的各个环节比较熟悉，有较强的参与决策和实施监督的能力，有一定的协调沟通能力。

（3）公道正派，坚持原则，敢于为职工群众说话办事，能够抵制违纪行为和不正之风，在职工意见与企业管理层意见不一致时，能够从企业发展和职工利益双赢的角度出发，坚持正确的意见和主张。

公司工会的主席、副主席无论专职还是兼职，都是最符合上述条件的人选，所以《企业民主管理规定》明确规定，公司工会的主席、副主席应当作为职工董事、职工监事候选人的当然人选。基于设立职工董事、职工监事的同一原因，为防止职工代表与其所代表的利益群体发生角色冲突，《企业民主管理规定》第三十九条明确规定："公司高级管理人员和监事不得兼任职工董事；公司高级管理人员和董事不得兼任职工监事。"

84. 职工董事、职工监事的产生、罢免、补选的程序是什么？

（1）产生。

职工董事、职工监事要由本公司的职工自荐或者推荐，公司工会根据自荐、推荐的情况组织职工进行讨论，可以采用投票测评方式，充分征求和听取公司职工的意见，按照大多数公司职工的意见和建议提出职工董事、职工监事候选人，然后召开公司职工代表大会进行表决，在公司职工代表大会全体代表过半数同意的条件下，方为当选。当选的职工董事、职工监事人员情况应当报上一级工会组织备案，同时通报公司各决策、管理和监督部门。

根据《中华全国总工会关于进一步推行职工董事、职工监事制度的意见》，职工董事、职工监事的候选人由公司工会提名，公司党组织审核，并报告上级工会；没有党组织的公司可由上一级工会组织审核。职工董事、职工监事由本公司职工代表大会以无记名投票方式选举产生。职工董事、职工监事候选人必须获得全体会议代表过半数选票，方可当选。公司应建立健全职工代表大会制度，尚未建立的，应组织职工或职工代表选举产生职工董事、职工监事，并积极筹建职工代表大会制度。职工董事、职工监事选举产生后，应报上级工会、有关部门和机构备案，并与其他内部董事、监事一同履行有关手续。

根据《国有独资公司董事会试点企业职工董事管理办法（试行)》的规定，职工董事候选人由公司工会提名和职工自荐方式产生。职工董事候选人可以是公司工会主要负责人，也可以是公司其他职工代表。候选人确定后由公司职工代表大会、职工大会或其他形式以无记名投票的方式差额选举产生职工董事。公司未建立职工代表大会的，职工董事可以由公司全体职工直接选举产生，也可以由公司总部全体职工和部分子（分）公司的职工代表选举产生。职工董事选举前，公司党委（党组）应征得国资委同意。选举后，选举结果由公司党委（党组）报国资委备案后，由公司聘任。

（2）罢免。

职工董事、职工监事不履行职责或者有严重过错的，职工代表大会有权罢免职工董事、职工监事。根据有关规定，罢免职工董事、职工监事的议案，必须由三分之一以上的职工代表联名提议，职工代表大会全体代表过半数通过可以罢免。罢免职工董事、职工监事必须有充分的理由，罢免议案只能由职工代表大会召开会议进行审议，职工董事、职工监事有权在会前或会上提出申辩理由或者书面提出申辩意见。职工代表大会必须采用无记名投票的表决方式表决，职工代表大会全体代表的过半数通过才可以罢免。表决结果应当及时向与会的职工代表进行通报，并报有关部门备案。职工董事、职工监事被罢免后，公司工会应当向上一级工会组织备案。国有独资公司的职工董事、职工监事的罢免程序，应当依照国家和地方的有关规定执行。

（3）补选。

职工董事、职工监事出现空缺时，应当及时进行补选。由公司工会依照选举职工董事、职工监事的规定条件和程序提出替补人选，提请职工代表大会民主选举产生。职工董事、职工监事空缺时间一般不得超过3个月。

85. 职工董事、职工监事应当履行哪些义务？

按照有关法律政策的规定，职工董事、职工监事与公司的其他董事、监事一样，都应当遵守法律、行政法规和公司章程，对公司负有忠实义务和勤勉义务。不得利用职权收受贿赂或者其他非法收入，不得侵占公司的财产。职工董事、职工监事执行公司职务时违反法律、行政法规或者公司章程的规定，给公司造成损失的，应当承担赔偿责任。

职工董事、职工监事的义务，还包括以下方面：

（1）努力学习、掌握党和国家的有关方针政策和法律法规，不断提高履职能力和专业知识水平，遵守法律法规，遵守公司章程及各项规章制度。

（2）定期听取职工的意见和诉求，在董事会、监事会上，全面、真实、准确地反映职工群众的意见和建议，代表和维护职工的合法权益，参与决策和监督。

（3）及时了解企业管理和发展状况，树立全局观念。在依法维护职工合法权益的同时，应充分考虑出资人、公司和职工的利益关系。

（4）执行职工代表大会的有关决议，定期向职工代表大会述职和报告工作，接受职工代表大会监督、质询和考核。在董事会、监事会会议上，对职工代表大会作出决议的事项，应当按照职工代表大会的相关决议发表意见，行使表决权。

（5）执行股东会、董事会、监事会的决议，维护公司利益和经营者的管理权威，保守公司秘密，不以权谋私。

（6）法律法规和公司章程规定的其他义务。

附　录

企业民主管理规定

（总工发〔2012〕12号）

第一章　总　则

第一条　为完善以职工代表大会为基本形式的企业民主管理制度，推进厂务公开，支持职工参与企业管理，维护职工合法权益，构建和谐劳动关系，促进企业持续健康发展，加强基层民主政治建设，依据宪法和相关法律制定本规定。

第二条　企业民主管理工作应当坚持党的领导，以邓小平理论和“三个代表”重要思想为指导，深入贯彻落实科学发展观，坚定不移地贯彻落实党的全心全意依靠工人阶级的根本指导方针。

企业党组织应当加强对民主管理工作的领导和支持。

第三条　职工代表大会（或职工大会，下同）是职工行使民主管理权力的机构，是企业民主管理的基本形式。

企业应当按照合法、有序、公开、公正的原则，建立以职工代表大会为基本形式的民主管理制度，实行厂务公开，推行民主管理。公司制企业（以下简称公司）应当依法建立职工董事、职工监事制度。

企业应当尊重和保障职工依法享有的知情权、参与权、表达权和监督权等民主权利，支持职工参加企业管理活动。

第四条 企业职工应当尊重和支持企业依法行使管理职权，积极参与企业管理。

第五条 企业工会应当组织职工依法开展企业民主管理，维护职工合法权益。

上级工会应当指导和帮助企业工会和职工依法开展企业民主管理活动，对企业实行民主管理的情况进行监督。

第六条 企业代表组织应当推动企业实行民主管理，促进企业健康发展。

第七条 各级党委纪检部门、组织部门，各级人民政府国有资产监督管理机构和监察机关等有关部门应当依照各自职责，对企业民主管理工作进行指导、检查和监督。

第二章 职工代表大会制度

第一节 职工代表大会组织制度和职权

第八条 企业可以根据职工人数确定召开职工代表大会或者职工大会。

企业召开职工代表大会的，职工代表人数按照不少于全体职工人数的百分之五确定，最少不少于三十人。职工代表人数超过一百人的，超出的代表人数可以由企业与工会协商确定。

第九条 职工代表大会的代表由工人、技术人员、管理人员、企业领导人员和其他方面的职工组成。其中，企业中层以上管理人员和领导人员一般不得超过职工代表总人数的百分之二十。有女职工和劳务派遣职工的企业，职工代表中应当有适当比例的女职工和劳务派遣职工代表。

第十条 职工代表大会每届任期为三年至五年。具体任期由职工代表大会根据本单位的实际情况确定。

职工代表大会因故需要提前或者延期换届的，应当由职工代表大会或者其授权的机构决定。

第十一条 职工代表大会根据需要，可以设立若干专门委员会（小组），负责办理职工代表大会交办的事项。专门委员会（小组）成员人选必须经职工代表大会审议通过。

第十二条 职工代表按照基层选举单位组成代表团（组），并推选团（组）长。可以设立职工代表大会团（组）长和专门委员会（小组）负责人联席会议，根据职工代表大会授权，在职工代表大会闭会期间负责处理临时需要解决的重要问题，并提请下一次职工代表大会确认。

联席会议由企业工会负责召集，联席会议可以根据会议内容邀请企业领导人员或其他有关人员参加。

第十三条 职工代表大会行使下列职权：

（一）听取企业主要负责人关于企业发展规划、年度生产经营管理情况，企业改革和制定重要规章制度情况，企业用工、劳动合同和集体合同签订履行情况，企业安全生产情况，企业缴纳社会保险费和住房公积金情况等报告，提出意见和建议；

审议企业制定、修改或者决定的有关劳动报酬、工作时间、休息休假、劳动安全卫生、保险福利、职工培训、劳动纪律以及劳动定额管理等直接涉及劳动者切身利益的规章制度或者重大事项方案，提出意见和建议；

（二）审议通过集体合同草案，按照国家有关规定提取的职工福利基金使用方案、住房公积金和社会保险费缴纳比例和时间的调整方案，劳动模范的推荐人选等重大事项；

（三）选举或者罢免职工董事、职工监事，选举依法进入破产程序企业的债权人会议和债权人委员会中的职工代表，根据授权推荐或者选举企业经营管理人员；

（四）审查监督企业执行劳动法律法规和劳动规章制度情况，民主评议企业领导人员，并提出奖惩建议；

（五）法律法规规定的其他职权。

第十四条 国有企业和国有控股企业职工代表大会除按第十三条规定行使职权外，行使下列职权：

（一）听取和审议企业经营管理主要负责人关于企业投资和重大技术改造、财务预决算、企业业务招待费使用等情况的报告，专业技术职称的评聘、企业公积金的使用、企业的改制等方案，并提出意见和建议；

（二）审议通过企业合并、分立、改制、解

散、破产实施方案中职工的裁减、分流和安置方案；

（三）依照法律、行政法规、行政规章规定的其他职权。

第十五条 县级以下一定区域内或者性质相近的行业内的若干尚不具备单独建立职工代表大会制度条件的中小企业，可以通过选举代表联合建立区域（行业）职工代表大会制度，开展企业民主管理活动。

工会负责组织建立区域（行业）职工代表大会制度。区域（行业）工会作为区域（行业）职工代表大会的工作机构承担日常工作。

第十六条 集团企业的总部机关和各分公司、分厂、车间以及其他分支机构可以按照一定比例选举产生职工代表，召开集团企业职工代表大会，实行企业民主管理。

集团企业的总部机关和各分公司、分厂、车间以及其他分支机构，按照本规定建立职工代表大会制度，在各自的职权范围内分别开展民主管理活动。

第二节　职工代表大会工作制度

第十七条　职工代表大会每年至少召开一次。职工代表大会全体会议必须有三分之二以上的职工代表出席。

第十八条　职工代表大会议题和议案应当由企业工会听取职工意见后与企业协商确定，并在会议召开七日前以书面形式送达职工代表。

第十九条　职工代表大会可以设主席团主持会议。主席团成员由企业工会与职工代表大会各团（组）协商提出候选人名单，经职工代表大会预备会议表决通过。其中，工人、技术人员、管理人员不少于百分之五十。

第二十条　职工代表大会选举和表决相关事项，必须按照少数服从多数的原则，经全体职工代表的过半数通过。对重要事项的表决，应当采用无记名投票的方式分项表决。

第二十一条　职工代表大会在其职权范围内依法审议通过的决议和事项具有约束力，非经职工代表大会同意不得变更或撤销。

企业应当提请职工代表大会审议、通过、决定的事项，未按照法定程序审议、通过或者决定的无效。

第二十二条 企业工会委员会是职工代表大会的工作机构，负责职工代表大会的日常工作，履行下列职责：

（一）提出职工代表大会代表选举方案，组织职工选举职工代表和代表团（组）长；

（二）征集职工代表提案，提出职工代表大会议题的建议；

（三）负责职工代表大会会议的筹备和组织工作，提出职工代表大会的议程建议；

（四）提出职工代表大会主席团组成方案和组成人员建议名单；提出专门委员会（小组）的设立方案和组成人员建议名单；

（五）向职工代表大会报告职工代表大会决议的执行情况和职工代表大会提案的办理情况、厂务公开的实行情况等；

（六）在职工代表大会闭会期间，负责组织专门委员会（小组）和职工代表就企业职工代表大会决议的执行情况和职工代表大会提案的办理情况、厂务公开的实行情况等，开展巡视、检查、质询等监督活动；

（七）受理职工代表的申诉和建议，维护职

工代表的合法权益；

（八）向职工进行民主管理的宣传教育，组织职工代表开展学习和培训，提高职工代表素质；

（九）建立和管理职工代表大会工作档案。

第三节 职工代表的产生和权利义务

第二十三条 与企业签订劳动合同建立劳动关系以及与企业存在事实劳动关系的职工，有选举和被选举为职工代表大会代表的权利。

依法终止或者解除劳动关系的职工代表，其代表资格自行终止。

第二十四条 职工代表应当以班组、工段、车间、科室等为基本选举单位由职工直接选举产生。规模较大、管理层次较多的企业的职工代表，可以由下一级职工代表大会代表选举产生。

第二十五条 选举、罢免职工代表，应当召开选举单位全体职工会议，会议应有三分之二以上职工参加。选举、罢免职工代表的决定，应经全体职工的过半数通过方为有效。

第二十六条 职工代表实行常任制，职工代表任期与职工代表大会届期一致，可以连选连任。

职工代表出现缺额时，原选举单位应按规定

的条件和程序及时补选。

第二十七条 职工代表向选举单位的职工负责并报告工作，接受选举单位职工的监督。

第二十八条 职工代表享有下列权利：

（一）选举权、被选举权和表决权；

（二）参加职工代表大会及其工作机构组织的民主管理活动；

（三）对企业领导人员进行评议和质询；

（四）在职工代表大会闭会期间对企业执行职工代表大会决议情况进行监督、检查。

第二十九条 职工代表应当履行下列义务：

（一）遵守法律法规、企业规章制度，提高自身素质，积极参与企业民主管理；

（二）依法履行职工代表职责，听取职工对企业生产经营管理等方面的意见和建议，以及涉及职工切身利益问题的意见和要求，并客观真实地向企业反映；

（三）参加企业职工代表大会组织的各项活动，执行职工代表大会通过的决议，完成职工代表大会交办的工作；

（四）向选举单位的职工报告参加职工代表大会活动和履行职责情况，接受职工的评议和监督；

（五）保守企业的商业秘密和与知识产权相关的保密事项。

第三十条 职工代表履行职责受法律保护，任何组织和个人不得阻挠和打击报复。

职工代表在法定工作时间内依法参加职工代表大会及其组织的各项活动，企业应当正常支付劳动报酬，不得降低其工资和其他福利待遇。

第三章 厂务公开制度

第三十一条 企业应当建立和实行厂务公开制度，通过职工代表大会和其他形式，将企业生产经营管理的重大事项、涉及职工切身利益的规章制度和经营管理人员廉洁从业相关情况，按照一定程序向职工公开，听取职工意见，接受职工监督。

第三十二条 企业主要负责人是实行厂务公开的责任人。企业应当建立相应机构或者确定专人负责厂务公开工作。

第三十三条 企业实行厂务公开应当遵循合法、及时、真实、有利于职工权益维护和企业发展的原则。

实行厂务公开应当保守企业商业秘密以及与知识产权相关的保密事项。

第三十四条 企业应当向职工公开下列事项：

（一）经营管理的基本情况；

（二）招用职工及签订劳动合同的情况；

（三）集体合同文本和劳动规章制度的内容；

（四）奖励处罚职工、单方解除劳动合同的情况以及裁员的方案和结果，评选劳动模范和优秀职工的条件、名额和结果；

（五）劳动安全卫生标准、安全事故发生情况及处理结果；

（六）社会保险以及企业年金的缴费情况；

（七）职工教育经费提取、使用和职工培训计划及执行的情况；

（八）劳动争议及处理结果情况；

（九）法律法规规定的其他事项。

第三十五条 国有企业、集体企业及其控股企业除公开第十三条、第十四条和第三十四条规定的相关事项外，还应当公开下列事项：

（一）投资和生产经营管理重大决策方案等重大事项，企业中长期发展规划；

（二）年度生产经营目标及完成情况，企业

担保，大额资金使用、大额资产处置情况，工程建设项目的招投标，大宗物资采购供应，产品销售和盈亏情况，承包租赁合同履行情况，内部经济责任制落实情况，重要规章制度制定等重大事项；

（三）职工提薪晋级、工资奖金收入分配情况；专业技术职称的评聘情况；

（四）中层领导人员、重要岗位人员的选聘和任用情况，企业领导人员薪酬、职务消费和兼职情况，以及出国出境费用支出等廉洁自律规定执行情况，职工代表大会民主评议企业领导人员的结果；

（五）依照国家有关规定应当公开的其他事项。

第四章 职工董事和职工监事制度

第三十六条 公司制企业应当依法建立职工董事和职工监事制度，支持职工代表大会选举产生的职工代表作为董事会、监事会成员参与公司决策、管理和监督，代表和维护职工合法权益，促进企业健康发展。

第三十七条 公司应当依法在公司章程中明

确规定职工董事、职工监事的具体比例和人数。

第三十八条 职工董事、职工监事候选人由公司工会根据自荐、推荐情况，在充分听取职工意见的基础上提名，经职工代表大会全体代表的过半数通过方可当选，并报上一级工会组织备案。

工会主席、副主席应当作为职工董事、职工监事候选人人选。

第三十九条 公司高级管理人员和监事不得兼任职工董事；公司高级管理人员和董事不得兼任职工监事。

第四十条 职工董事、职工监事的任期与公司其他董事、监事的任期相同，可以连选连任。

第四十一条 职工董事、职工监事不履行职责或者有严重过错的，经三分之一以上的职工代表联名提议，职工代表大会全体代表的过半数通过可以罢免。

职工董事、职工监事出现空缺时，由公司工会依照本规定第三十八条的规定提出替补人选，提请职工代表大会民主选举产生。

第四十二条 职工董事依法行使下列权利：

（一）参加董事会会议，行使董事的发言权和表决权；

（二）就涉及职工切身利益的规章制度或者重大事项，提请召开董事会会议，反映职工的合理要求，维护职工合法权益；

（三）列席与其职责相关的公司行政办公会议和有关生产经营工作的重要会议；

（四）要求公司工会、公司有关部门和机构通报有关情况并提供相关资料；

（五）法律法规和公司章程规定的其他权利。

第四十三条 职工监事依法行使下列权利：

（一）参加监事会会议，行使监事的发言权和表决权；

（二）就涉及职工切身利益的规章制度或者重大事项，提议召开监事会会议；

（三）监督公司的财务情况和公司董事、高级管理人员执行公司职务的行为；监督检查公司对涉及职工切身利益的法律法规、公司规章制度贯彻执行情况；劳动合同和集体合同的履行情况；

（四）列席董事会会议，并对董事会决议事项提出质询或者建议；列席与其职责相关的公司行政办公会议和有关生产经营工作的重要会议；

（五）要求公司工会、公司有关部门和机构通报有关情况并提供相关资料；

（六）法律法规和公司章程规定的其他权利。

第四十四条 职工董事、职工监事应当履行下列义务：

（一）遵守法律法规，遵守公司章程及各项规章制度，保守公司秘密，认真履行职责；

（二）定期听取职工的意见和建议，在董事会、监事会上真实、准确、全面地反映职工的意见和建议；

（三）定期向职工代表大会述职和报告工作，执行职工代表大会的有关决议，在董事会、监事会会议上，对职工代表大会作出决议的事项，应当按照职工代表大会的相关决议发表意见，行使表决权；

（四）法律法规和公司章程规定的其他义务。

第四十五条 公司应当保障职工董事、职工监事依照法律法规和公司章程开展工作，为职工董事、职工监事履行职责提供必要的工作条件。

第四十六条 职工董事、职工监事在任职期间，除法定情形外，公司不得与其解除劳动合同。

第四十七条 职工董事、职工监事与公司的其他董事、监事享有同等的权利，承担相应的义务。

第五章　附　则

第四十八条　各地区、各有关部门和各企业根据本规定制定实施办法，推进企业民主管理工作。

第四十九条　集体企业依照《城镇集体所有制企业条例》等有关法律法规规定实行民主管理。

第五十条　本规定自发布之日起施行。